Für :
Von :

Ab in die Küche, ran an den Herd!
Und heute gibt's:

Menüs zum Verwöhnen

Bon Appétit
wünscht

der kleine
KÜCHENFREUND

Die Rezepte sind, wenn nicht anders angegeben,
für 4 Personen berechnet.

Inhalt

Menü I

Feine Schweizer Käsetörtchen

ergibt 6 Törtchen

Butter für die Förmchen · 300 g Mehl · 100 g kalte Butter
1 TL Salz · 1 kleine Zwiebel · 1 EL Butter · 2 Eier
150 ml Schlagsahne · 250 g würziger Schweizer Käse
(gerieben) · 1 TL gemahlenes Brotgewürz
frisch gemahlener Pfeffer

Den Ofen auf 200 °C (Umluft 180 °C) vorheizen und 6 Tarteförmchen von ca. 12 cm Durchmesser einfetten.

Das Mehl mit der Butter, dem Salz und etwa 100 ml Wasser rasch zu einem Mürbeteig verarbeiten und kalt stellen. Die Zwiebel schälen, fein würfeln und in Butter anbraten. Dann abkühlen lassen. Die Eier mit der Sahne verquirlen, Käse und Zwiebel hinzufügen und mit Brotgewürz, Salz und Pfeffer würzen.

Die Förmchen mit dem Mürbeteig auslegen. Den Rand hochdrücken. Dann den Teig mit einer Gabel mehrmals einstechen und die Sahne-Käse-Masse gleichmäßig darauf verteilen. Ca. 20 Min. auf mittlerer Schiene backen und warm servieren.

Menü I

Filetsteaks mit mediterraner Kruste

6 EL Pinienkerne · 4 EL Olivenöl · 1 Bund Basilikum
2 EL frisch geriebener Parmesan · Salz
frisch gemahlener Pfeffer · 4 getrocknete Tomaten in Olivenöl · 1 Knoblauchzehe · 4 Rinderfiletsteaks
Olivenöl zum Braten

Die Pinienkerne in der Pfanne ohne Fett rösten. Die Hälfte der Kerne mit dem Olivenöl, den abgezupften Blättern des Basilikums und dem Parmesan in einen Zerhacker füllen und zu Pesto verarbeiten. Mit Salz und Pfeffer würzen. Tomaten abtropfen lassen und fein schneiden. Knoblauch schälen und wie die restlichen Pinienkerne fein hacken. Alles mit dem grünen Pesto mischen und beiseite stellen.

Die Filetsteaks trockentupfen und in Olivenöl rundum anbraten, sodass sie innen noch rosa sind. Dann die Pestomischung ca. 1 cm dick auf das Fleisch streichen und die Steaks nur auf der Pestoseite noch einmal kurz in heißem Olivenöl braten, damit eine Kruste entsteht.

Tipp: Dazu passen Rosmarinkartoffeln und Tomatensalat.

Menü I

Apfel-Weißwein-Torte

Für den Teig:

Fett für die Form · 125 g Butter · 125 g Zucker · 250 g Mehl
1 Ei · 1 TL Backpulver · 1 Pck. Vanillezucker
Mehl für die Arbeitsfläche

Für den Belag:

½ l trockener Weißwein · 2 Pck. Vanille-Puddingpulver
200 g Zucker · 1 kg säuerliche Äpfel · abgeriebene Schale
von 1 unbehandelten Limette · 250 ml Sahne
100 g geröstete Mandelblättchen

Den Ofen auf 200 °C (Umluft 180 °C) vorheizen. Eine Springform einfetten.

Für den Teig alle Zutaten rasch miteinander verkneten und zugedeckt mindestens 30 Min. kalt stellen.

Für den Belag 4 EL Wein mit dem Puddingpulver verrühren. Den restlichen Wein erhitzen, Zucker und angerührtes Puddingpulver zugeben und unter Rühren aufkochen. Äpfel schälen, entkernen und fein hobeln, mit der Limettenschale vermengen und zur Wein-Pudding-Masse geben.

Den Teig auf der bemehlten Arbeitsfläche ausrollen, in die Springform geben und einen Rand hochdrücken. Die Apfelmasse auf den Teig geben und ca. 40 Min. backen. Den Kuchen über Nacht kalt stellen.

Vor dem Servieren die Sahne steif schlagen, auf den Kuchen streichen und mit Mandelblättchen bestreuen.

Lebensfreude
ist die beste Kosmetik.

Anonym

Menü II

Nudeln mit Orangensauce und Jakobsmuscheln

300 ml Orangensaft · 3 Orangen · 1 kleine Fenchelknolle
300 g Hartweizen-Bandnudeln · Salz · 2 EL Butter
2 Stängel Rosmarin · 12 ausgelöste Jakobsmuscheln
frisch gemahlener Pfeffer · 2 EL Butterschmalz
4 kleine Stängel Rosmarin zum Garnieren

Orangensaft erhitzen und auf die Hälfte einkochen lassen. Orangen filetieren. Fenchel putzen und in feine Streifen schneiden. Nudeln in Salzwasser al dente kochen, abtropfen lassen.

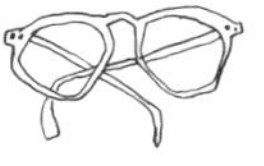

Butter in einer Pfanne erhitzen, aber nicht bräunen lassen. Fenchelstreifen darin ca. 5 Min. dünsten, mit dem Orangensaft ablöschen und aufkochen lassen. Dann vom Herd nehmen und die Orangenfilets hinzufügen. Rosmarinnadeln von den Zweigen streifen, grob hacken und ebenfalls dazugeben. Alles mit den Nudeln vermengen und dann warm stellen.

Jakobsmuscheln waagerecht halbieren, trockentupfen, salzen und pfeffern. Butterschmalz in einer Pfanne erhitzen. Muscheln ca. 3 Min. beidseitig braten, aus der Pfanne nehmen und warm stellen. Im Muschelfett 4 kleine Rosmarinzweige kräftig anbraten.

Orangennudeln auf 4 Tellern anrichten, je 3 Muscheln daraufsetzen und mit je 1 Rosmarinzweig garnieren.

Das Geheimnis des Glücks ist,
statt der Geburtstage
die Höhepunkte des Lebens zu zählen.

Mark Twain

Menü II

Bretonischer Seeteufel

1 Seeteufelschwanz (ca. 900 g) · 3 EL Mehl
300 g Tomaten · 2 Knoblauchzehen · 2 Zwiebeln
1 Bund Petersilie · 2 EL Thymianblättchen · 100 g kalte
Butter · 2 cl Calvados · 500 ml Loire-Weißwein
1 Lorbeerblatt · Salz · frisch gemahlener schwarzer Pfeffer
Cayennepfeffer

Den Seeteufel von der Mittelgräte lösen, enthäuten, in Scheiben von ca. 4 cm schneiden und mit Mehl bestäuben. Tomaten überbrühen, enthäuten und würfeln, Knoblauch und Zwiebeln schälen und fein hacken, Kräuter ebenfalls fein hacken.

Die Hälfte der Butter in einer breiten Pfanne mit hohem Rand erhitzen und die Zwiebeln darin glasig dünsten, anschließend die Filetscheiben goldgelb anbraten. Mit Calvados flambieren und mit Weißwein ablöschen. Tomaten, Knoblauch, Kräuter und Lorbeer hinzufügen, alles mit Salz, Pfeffer und Cayennepfeffer würzen. Deckel auflegen und ca. 20 Min. auf kleiner Flamme köcheln lassen.

Den Fisch herausnehmen und die Sauce mit eiskalten Butterflöckchen aufschlagen, nochmals abschmecken und rasch servieren. Dazu passen Salzkartoffeln.

Menü II

Beerentraumtorte

10 Blatt weiße Gelatine · 250 g Himbeeren
250 g Erdbeeren · Saft von ½ Zitrone
60 g Zucker · 500 g Magerquark · ¾ l Schlagsahne
2 runde Biskuitböden (selbst gebacken oder fertig gekauft) · 50 g Himbeerkonfitüre · 30 g weiße Kuvertüre
einige ganze Beeren zum Garnieren

Gelatine nach Packungsanweisung einweichen. Himbeeren und Erdbeeren putzen und klein schneiden. Je 100 g Beeren mit Zitronensaft und Zucker pürieren. Dann die Gelatine ausdrücken und unter das Beerenpüree rühren. Mindestens 20 Min. kalt stellen.

Anschließend vorsichtig den Quark und die restlichen Beeren unterziehen. ½ l Sahne sehr steif schlagen und ebenfalls vorsichtig unterziehen. Einen Biskuitboden mit der Himbeerkonfitüre bestreichen, einen Tortenring umlegen und die Hälfte der Beerencreme aufstreichen. Den zweiten Boden auflegen und mit der restlichen Creme bestreichen. Mindestens 3 Std. kalt stellen.

Tortenring abnehmen, restliche Sahne steif schlagen und auf den Tortenrand streichen. Kuvertüre raspeln, aufstreuen und den Kuchen mit Beeren garnieren.

Menü III

Italienische Chilicremesuppe

1 kg rote Paprikaschoten · 2 frische rote Chilischoten
1 große Zwiebel · 3 Knoblauchzehen · 3 EL Olivenöl
1 l Gemüsebrühe · 200 g Mascarpone · Salz
frisch gemahlener Pfeffer

Paprika und Chili putzen und klein schneiden. Zwiebel und Knoblauch schälen und fein hacken.

In einem großen Topf das Olivenöl erhitzen und Zwiebeln und Knoblauch darin glasig dünsten, danach Chili und Paprika hinzufügen. Alles ca. 5 Min. andünsten, dann mit der Gemüsebrühe aufgießen und mindestens 20 Min. köcheln lassen.

Mit dem Mixstab pürieren und durch ein Sieb in einen zweiten Topf streichen. Die Suppe darin erneut erhitzen, den Mascarpone zugeben und noch einmal 10 Min. köcheln lassen.

Mit Salz und Pfeffer würzen und servieren.

Carpe diem – nutze den Tag!

Horaz

Menü III

Lachs-Lasagne für Gourmets

250 g Hartweizen-Grieß · 1 TL Salz · 2 Eier · 1 EL Olivenöl
1 große Zwiebel · 1 EL Butter · 100 ml Weißwein
200 ml Gemüsebrühe · 200 ml Schlagsahne
100 g Crème fraîche · Salz · frisch gemahlener weißer Pfeffer · frisch geriebene Muskatnuss · 400 g Lachsfilet ohne Haut · Saft von 1 Zitrone · 1 kleiner Mangold
Fett für die Form · Mehl für die Arbeitsfläche

Grieß mit Salz, Eiern und Olivenöl mischen und 15 Min. kräftig schlagen. Den Nudelteig abgedeckt 30 Min. ruhen lassen.

Zwiebel schälen und fein hacken. Butter in einem Topf erhitzen, die Zwiebel darin andünsten und alles mit Wein ablöschen. Dann Brühe, Sahne und Crème fraîche hinzufügen und ca. 10 Min. kochen. Kräftig mit Salz, Pfeffer und Muskat würzen und den Topf vom Herd nehmen. Den Lachs salzen, pfeffern und mit Zitronensaft beträufeln. Mangoldblätter von den harten Stielen befreien, klein schneiden und in kochendem Salzwasser kurz blanchieren. Abtropfen lassen.

Den Ofen auf 200 °C (Umluft 180 °C) vorheizen und eine mittelgroße Auflaufform einfetten.

Teig in 3 Teile teilen und auf der bemehlten Arbeitsfläche dünn ausrollen. Auflaufform mit der ersten Teiglage auslegen, die Lachsfilets und die Hälfte der Mangoldblätter darauf verteilen, salzen und mit der zweiten Teiglage bedecken. Restlichen Mangold und die Hälfte der Sauce darüber geben und mit der dritten Teiglage abschließen. Den Rest der Sauce aufgießen und ca. 30 Min. backen.

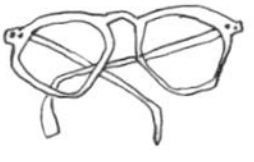

Man sollte Anteil nehmen an der Freude, der Schönheit, der Farbigkeit des Lebens.

Oscar Wilde

Menü III

Beschwipster Trifle

1 fertiger Sandkuchen (ca. 400 g)
100 g Himbeerkonfitüre · 200 g Mandelstifte
100 ml Rum · 150 ml Sherry · 250 g Himbeeren
1 Pck. Vanille-Puddingpulver · ½ l Milch · 4 EL Zucker
½ l Schlagsahne · einige Himbeeren zum Verzieren

Vom Kuchen 3 Scheiben von je etwa 2 cm abschneiden, die Stücke mit Konfitüre bestreichen. Den restlichen Kuchen in Würfel schneiden. Den Boden einer mittelgroßen Glasschüssel mit den Kuchenscheiben auslegen, Kuchenwürfel darüber verteilen.

Mandelstifte ohne Fett kurz anrösten, 2 EL aufheben, den Rest über die Kuchenstücke streuen. Rum und Sherry darübergießen. Himbeeren darauf verteilen.

Pudding nach Packungsanweisung mit Milch und 2 EL Zucker kochen und etwas abkühlen lassen, dann ¼ l Sahne unterrühren. Den Pudding auf den Kuchen in die Schüssel gießen und abkühlen lassen.

Die restliche Sahne mit dem restlichen Zucker steif schlagen und auf dem Pudding verteilen. Mit den restlichen Mandeln und Himbeeren verzieren. Vor dem Servieren mindestens 30 Min. abgedeckt kalt stellen.

Menü IV

Lammfleischsalat mit Birnen

400 g grüne Bohnen · Salz · 200 g Lammrückenfleisch
ohne Knochen · 2 EL Olivenöl · frisch gemahlener Pfeffer
3 aromatische Birnen · Saft von ½ Zitrone
100 ml Birnensaft · 3 EL Weißwein · 2 EL Essig
2 Handvoll Salatblätter (z.B. Eichblatt, Feldsalat oder
junger Spinat) · 50 g Blauschimmelkäse · 40 g gehackte
Mandeln · 2 EL Preiselbeeren aus dem Glas

Bohnen putzen, in Abschnitte schneiden und in kochendem Salzwasser ca. 20 Min. garen. Abtropfen lassen. Das Lammfleisch in Scheiben schneiden und in Olivenöl ca. 5 Min. braten, dann salzen, pfeffern und zugedeckt warm stellen. Birnen putzen und in dünne Spalten schneiden, im Fleisch-Bratfett 1 Min. dünsten und mit Zitronensaft beträufeln. Herausnehmen und beiseitestellen. Das Bratfett mit Birnensaft, Weißwein und Essig ablöschen, mit Salz und Pfeffer würzen und diese Marinade nochmals erhitzen.

Salatblätter putzen und zupfen, auf 4 Tellern anrichten, den Käse in kleinen Stücken darauf verteilen. Fleisch, Bohnen und Birnen vermengen und darauf anrichten. Mandeln und Preiselbeeren darübergeben und mit der Marinade beträufeln.

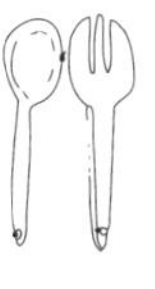

Menü IV

Raffiniertes Hirschgulasch

1 große Zwiebel · 2 Knoblauchzehen · 2 Möhren
1 kleines Stück Knollensellerie · 1 Stange Lauch
2 Stängel Thymian · 1 Stängel Rosmarin · 150 g Speck
1 kg Hirschfleisch in Würfeln · 4 Wacholderbeeren · Salz
frisch gemahlener schwarzer Pfeffer · ¼ l kräftiger
Rotwein · ¾ l Wildfond · 150 g rote Linsen
2 EL Tomatenmark · 4 cl Sherry · 1 EL Balsamico-Essig
1 TL Zucker · 100 ml Crème fraîche

Zwiebel und Knoblauch schälen und grob würfeln. Gemüse putzen, Möhren und Sellerie in Streifen, Lauch in Ringe schneiden. Kräuter fein hacken. Speck in Scheiben schneiden und in einem großen Topf anbraten. Hirschfleisch hinzugeben und anbraten, dann Zwiebel und Knoblauch. Das Gemüse in den Topf geben und ca. 15 Min. mitdünsten. Kräuter und Gewürze hinzufügen, mit dem Rotwein und der Hälfte des Wildfonds aufgießen und ca. 1 Std. schmoren lassen.

Linsen mit dem Rest des Wildfonds hinzufügen, ca. 15 Min. kochen. Tomatenmark, Sherry und Essig einrühren, mit Zucker, Salz und Pfeffer abschmecken. Den Topf vom Herd nehmen und die Crème fraîche einrühren. Dazu schmecken Spätzle oder Kartoffelknödel.

Menü IV

Lockere Schokoladentarte

Fett für die Form · 300 g Zartbitterschokolade (70 % Kakaoanteil) · 300 g Butter · 6 Eier · 225 g Zucker 1 Prise Salz · 120 g Mehl

Den Ofen auf 180 °C (Umluft 160 °C) vorheizen. Eine mittelgroße Tarteform einfetten. Schokolade grob hacken.

Die Schokolade zusammen mit der Butter in einer Metallschüssel über Wasserdampf schmelzen. Dabei aufpassen, dass kein Wasser in die Mischung kommt.

Die Eier mit dem Zucker und dem Salz verrühren und das gesiebte Mehl einarbeiten. Dann die Schokoladencreme vorsichtig unterheben und alles zu einer glatten Masse verrühren. In die Tarteform geben und auf mittlerer Schiene ca. 35 Min. backen.

Tipp: Noch warm mit einem Klecks saurer Sahne und frischen Früchten servieren.

Wichtig ist die Lebensfreude,
dann spielt das Alter keine Rolle.

Ursula Andress

Wenn ich mein Leben noch einmal
leben könnte, würde ich die gleichen
Fehler machen. Nur ein bisschen früher,
damit ich mehr davon habe.

Marlene Dietrich

Menü V

Pilze aus der Pfanne mit Parmesan

250 g gemischte frische Pilze · 1 Bund Petersilie
1 Bund Schnittlauch · 1 Bund Kerbel · 50 g Butter · Salz
frisch gemahlener Pfeffer · 250 g dünn geschnittener
Parmaschinken · 100 g Parmesan am Stück

Die Pilze putzen und in Scheiben schneiden. Die Kräuter waschen, Petersilie und Kerbel von den Stielen befreien und alles fein hacken.

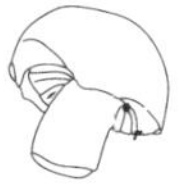

Pilze in einer Pfanne mit Butter anbraten und mit Salz und Pfeffer würzen. Kräuter hinzufügen. Die Pfanne vom Herd nehmen und den Parmaschinken dazugeben. Alles mit zwei Gabeln locker vermengen.

Auf 4 Teller verteilen und mit Parmesan großzügig überhobeln.

Menü V

Entenbrust mit Rotweinsauce

2 Schalotten · 4 EL Öl · 4 EL Zucker · 400 ml Rotwein
400 ml Geflügelbrühe · 2 Stängel Rosmarin
4 Entenbrüste · 150 g kalte Butter · Salz
frisch gemahlener Pfeffer

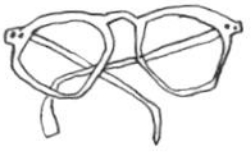

Die Schalotten schälen und fein würfeln. In einer Kasserolle in 1 EL Öl andünsten, Zucker zugeben und karamellisieren lassen. Mit Rotwein und Geflügelbrühe ablöschen, Rosmarinzweige hinzufügen und köcheln lassen, bis die Sauce auf die Hälfte reduziert ist.

Währenddessen die Entenbrüste waschen, abtupfen und auf der Hautseite mit einem scharfen Messer einritzen, ohne das Fleisch zu verletzen. Das restliche Öl in einer Pfanne erhitzen und das Fleisch auf der Hautseite ca. 5 Min. anbraten, wenden und kurz auf der Fleischseite braten. Die Entenbrüste aus der Pfanne nehmen und zugedeckt warm stellen. Die Sauce mit eiskalten Butterflöckchen aufschlagen und mit Salz und Pfeffer abschmecken.

Das Fleisch auf Teller setzen, leicht salzen und pfeffern, die Sauce angießen und mit Kroketten oder Rosmarinkartoffeln servieren.

Menü V

Schwarzwälder Nachspeise

1 Glas Schattenmorellen · 750 g Sahnequark · 50 g Zucker
1 Pck. Vanillezucker · 375 ml Eierlikör · 300 ml Sahne
3 EL Puderzucker · 2 EL gehackte Zartbitterschokolade

Die Schattenmorellen gründlich abtropfen lassen und auf dem Boden einer flachen Schüssel verteilen.
Den Sahnequark mit dem Zucker und dem Vanillezucker verrühren und vorsichtig auf den Kirschen verteilen.
Den Eierlikör gleichmäßig über die Quarkcreme gießen.
Die Sahne mit dem Puderzucker steif schlagen und auf den Eierlikör streichen.

Am Schluss die gehackte Schokolade aufstreuen und die Nachspeise vor dem Servieren mindestens 2 Std. kalt stellen.

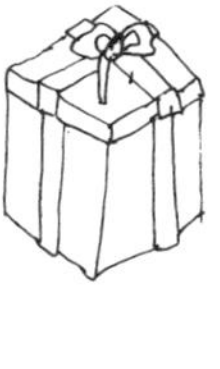

Es ist so leicht,
sich behaglich Genuss
zu verschaffen!

Alexander von Villers

Wenn der Magen voll ist,
singen die Vögel,
und die Menschen lachen.

Aus Australien

FSC®
www.fsc.org
MIX
Papier aus verantwortungsvollen Quellen
FSC® C104723

5 4 3 2 1 22 21 20 19 18

978-3-88117-164-9

Grafische Gestaltung: Amélie Graef
Redaktion: Franziska Grünewald
Layout und Satz: typocepta, Köln

www.hoelker-verlag.de